엄마랑 아이랑 AI로 시쓰기

AI를 이용한, 쉽고 재미있는 공동책 쓰기

김미정, 김한솔, 김한별

엄마랑 아이랑 AI로 시쓰기

발행	|	2023년 4월 21일
저자	|	김미정, 김한솔, 김한별
디자인	|	어비, 미드저니
편집	|	어비
펴낸이	|	송태민
펴낸곳	|	열린 인공지능
등록	|	2023.03.09(제2023-16호)
주소	|	서울특별시 영등포구 영등포로 112
전화	|	(0505)044-0088
이메일	|	book@uhbee.net

ISBN | 979-11-93084-51-9

www.OpenAIBooks.shop

엄마랑 아이랑 AI로 시쓰기

AI를 이용한, 쉽고 재미있는 공동책 쓰기

김미정, 김한솔, 김한별

바쁜 워킹맘인 나를 도와

살림하랴 육아하랴 바쁜 워킹대디 트윈보이와

내 인생의 비타민인 사랑하는

우리 딸들 솔별이에게

존경과 감사와 사랑을 가득 담아♡

목차

- 계절을 주제로 엄마랑 아이랑 쓴 시

6. 가족

- 가족을 주제로 엄마랑 아이랑 쓴 시

7. 활동

- 가족활동을 주제로 엄마랑 아이랑 쓴 시

8. 사랑

- 사랑을 주제로 엄마랑 아이랑 쓴 시

9. 결론

- 엄마랑 아이랑 같이 시 쓰기 경험에서 배운 교훈
- 엄마와 자녀에게 챗GPT가 도움이 된 점
- 아이와 함께 챗GPT를 사용하여 글쓰기를 해보세요!
- 향후 계획 : '엄마랑 아이랑 함께 책 쓰기' 시리즈
- '엄마랑 아이랑 함께 책 쓰기' 프로젝트 함께해요!
- 마지막 에피소드

머릿말

'엄마랑 아이랑 AI로 시쓰기' 책을 읽어주셔서 감사합니다. 이 책은 평소 생활 속에서, 엄마와 자녀가 직접 시를 쓰다가, 챗GPT를 활용하여 글쓰기 과정을 좀 더 도움받아 쓴 시를 모은 시집입니다.

이 책의 목적은 엄마와 아이가 함께 시를 창작할 수 있는 쉽고 재미있는 방법을 알리는 것입니다. 부모가 자녀와 좋은 시간을 보내면서 창의력과 상상력을 키울 수 있도록 장려하고자 합니다. 이 책을 통해 부모와 자녀가 다양한 주제에 대해 각자의 독특한 관점을 반영하는 시를 쓰도록 영감을 주고자 합니다.

이 책에는 자연, 동물, 음식, 계절, 사랑 등 다양한 주제에 대해 부모와 자녀가 번갈아 가며 각자의 독특한 시각으로 쓴 시가 수록되어 있습니다. 각 장에는 엄마가 쓴 시와 아이가 쓴 시 두 편이 수록되어 있어 각자의 스타일과 관점을 보여 줍니다.

자연은 시인에게 영감의 원천이며, 이 섹션에서는 엄마와 아이의 눈을 통해 자연의 아름다움을 탐구합니다. 이 시에는 계절의 변화부터 숲의 소리까지 우리가 자연을 경험하고 감상하는 다양한 방식이 반영되어 있습니다.

동물은 사랑받는 시의 소재이며, 이 섹션에서는 엄마와 아이가 동물에 대해 쓰는 다양한 방식을 살펴봅니다. 반려동물의 장난스러운 장난부터 야생 동물의 장엄함까지, 이 시들은 동물계의 정신과 다양성을 담아내고 있습니다.

음식은 영양의 원천일 뿐만 아니라 영감의 원천이기도 합니다. 이 섹션에서는 엄마와 아이의 눈을 통해 요리하고 먹는 즐거움에 대해 알아보세요. 집밥의 편안함부터 새로운 요리의 이국적인 풍미까지, 이 시들은 음식의 예술을 찬양합니다.

계절의 변화는 시인들에게 끝없는 영감의 원천입니다. 이 섹션에서는 엄마와 아이의 눈을 통해 각 계절의 아름다움을 살펴봅니다. 여름의 따스함부터 겨울의 차가움까지, 계절의 다양한 분위기와 색채를 담은 시를 만나보세요.

가족은 모두에게 소중하고 근본이 되는 중요한 부분이지만, 이 섹션에서는 우리 트윈패밀리 가족의 이야기를 좀 더 담아보았습니다. 독자분들의 가족 이야기와 어떻게 다른가 한 번 살펴보세요.

활동은 우리 가족에겐 아주 중요한 부분이예요. 주중엔 엄마아빠는 회사에서 일하느라, 아이들은 학교와 어린이집 다니느라 같이 활동할 시간이 잘 없거든요. 주말엔 그래서 캠핑, 여행, 자전거타기, 등산 등등 여러 활동을 하며 사랑하는 시간을 보내요. 트윈패밀리 가족활동을 주제로 한 시를 들어보세요.

사랑은 시의 보편적인 주제이며, 이 섹션에서는 엄마와 아이의 눈을 통해 사랑의 다양한 측면을 살펴봅니다. 부모와 자식 간의 깊은 유대감부터 사랑에 빠지는 기쁨까지, 이 시들은 사랑의 힘을 찬양합니다.

시를 쉽고 재미있게 쓰기 위해 시를 쓸 때 유용한 제안과 질문을 제공하는 AI 기반 글쓰기 도우미인 챗GPT를 사용했습니다. 책 곳곳에서 챗GPT에 대해 소개하고 유용한 사용 팁을 제공합니다.

숙련된 시인이든 초보 작가든, 컴퓨터 앞에 앉아 챗GPT를 사용하여 자녀와 함께 시를 쓰는 흥미진진한 여정을 시작해보세요.

저자 소개

엄마인 김미정(트윈패밀리)은 '아이랑 뭘 같이 하지?' 주제에 관심이 많은 10년차 행복한 워킹맘 인플루언서이다. 주중엔 N잡 UX전문가로, 주말엔 여행러로서, 아이랑 함께하는 캠핑, 여행, 육아, 교육 등을 꾸준히 기록해온 10년차 블로거이며, '엄마랑 아이랑 AI로 책 쓰기' 시리즈와 'AI시대, UX로 돈 벌기' 책의 저자이다.

8살 김한솔은 고양이를 좋아하고, 논리적이며 역사를 좋아하면서도, 시인이 되는 꿈을 갖고 있는 아이이고, 5살 김한별은 엉뚱발랄하며, 집안의 웃음과 화합을 담당하고 있는데 귀여운 그림을 잘 그린다.

*'트윈패밀리' 블로그 및 '엄마랑 아이랑 AI' 인스타그램

https://blog.naver.com/twin_couple

https://www.instagram.com/mom_kids_ai/

←블로그 ←인스타그램

*'엄마랑 아이랑 AI로 책쓰기' 커뮤니티 오픈 카톡방

엄마랑 아이랑 AI로 시쓰기

시작에 대한 배경

저는 엄마로서 항상 아이의 꿈을 응원하고 그 꿈을 실행하고 도전하는 과정에서 작은 성취를 이루고 싶었습니다. 8살 딸아이가 책을 쓰고 시인이 되고 싶다고 했을 때 저는 정말 기뻤습니다. 하지만 딸아이가 꿈을 이루기까지는 긴 여정이 될 거라는 걸 알았죠.

그래서 생활속에서 아이들이랑 가끔 같이 시를 쓰거나, 같이 그림을 그리거나 활동을 종종 해 왔습니다. 하지만 책으로 낼 만큼의 충분한 분량이 쌓이려면 어림도 없는 양이었죠.

↓트윈패밀리 블로그 : 아이랑 시쓰기 놀이, 시 짓기 첫 걸음
(https://blog.naver.com/twin_couple/222304668454)

그때, 시를 쓰는 데 도움을 줄 수 있는 인공지능 언어 모델인 챗GPT를 알게 되었습니다. 챗GPT의 도움으로 딸과 함께 시를 쓸 수 있었고, 우리 둘 모두에게 환상적인 경험이었습니다. 아이의 얼굴에 나타난 기쁨과 성취에 대한 자부심을 보면서 엄마와 아이가 함께 글쓰기에 관한 책 시리즈를 구상하게 되었습니다.

"엄마와 아이가 함께 책 쓰기" 시리즈는 챗GPT의 도움으로 작성할 수 있는 다양한 주제를 다룰 예정입니다. '엄마와 아이가 함께 시 쓰기'로 시작하여 줌바, 여행, 캠핑, 계획 세우기 등 다른 영역으로 넘어갈 것입니다. 우리의 목표는 엄마와 아이가 함께 글을 쓰고, 즐기고, 새로운 것을 배우는 데 사용할 수 있는 일련의 책을 만드는 것입니다. 이를 통해 창의력을 장려하고 유대감을 강화하며 오래도록 기억에 남는 추억을 만들 수 있기를 바랍니다.

그리고, 저희의 이야기와 경험을 공유함으로써 다른 분들도 자녀와 함께 글쓰기를 시도하고 챗GPT의 마법을 직접 경험해볼 수 있기를 바랍니다.

AI시대, 우리 자녀에게
필요한 역량과 부모역할

부모로서 우리 아이들이 어떤 미래를 맞이할지 걱정하는 것은 당연한 일입니다. 특히 인공지능(AI)을 비롯한 기술의 급속한 발전으로 인해 우리 아이들이 변화하는 세상을 따라잡을 수 있을지 걱정되는 것은 두말할 나위 없는 일입니다. 무엇보다, AI의 미래에는 우리가 전통적으로 교육에 중점을 두었던 것과는 다른 기술과 역량이 요구될 것이라 생각됩니다. 하지만 당황할 필요는 없습니다. 부모로서 우리는 자녀가 AI 시대에 성공하는 데 필요한 기술을 개발하도록 지금부터 도울 수 있습니다.

무엇보다도 AI는 인간의 지능을 대체하는 것이 아니라 복잡한 문제를 해결하는 데 도움이 되는 도구라는 점을 인식해야 합니다. 자녀에게 AI에 전적으로 의존하는 것이 아니라 자신의 지능을 강화하는 도구로 **AI를 잘 사용하는 방법**을 가르쳐야 합니다. 즉, 코딩하는 방법, 데이터 분석을 이해하는 방법, 머신러닝 알고리즘을 사용하는 방법을 배우도록 장려해야 합니다.

아이들에게 필요한 또 다른 중요한 기술은 **비판적 사고**입니다. 버튼 클릭 한 번으로 정보를 쉽게 얻을 수 있는 세상에서 우리 아이들은 신뢰할 수 있는 출처와 가짜 뉴스를 구별할 수 있어야 합니다. 우리는 아이들에게 읽고 듣는 것에 의문을 제기하고 출처의 신뢰성을 평가하는 방법을 가르쳐야 합니다.

창의성과 혁신 또한 AI 시대에 우리 아이들에게 필요한 중요한 기술입니다. AI는 인간보다 특정 작업을 더 잘 수행할 수는 있지만, 인간 고유의 창의력과 상상력을 복제할 수는 없습니다. 우리는 아이들이 상자 밖에서 생각하고 새로운 아이디어를 탐구하고 위험을 감수하도록 격려해야 합니다. 실패를 배움의 기회로 받아들이고 도전에 직면했을 때 끈기 있게 버티도록 가르쳐야 합니다.

마지막으로 **공감 능력과 사회적 지능**은 결코 유행을 타지 않는 능력입니다. 세상이 점점 더 연결되고 글로벌화됨에 따라 다양한 배경을 가진 사람들과 효과적으로 소통하고 협업할 수 있는 능력이 그 어느 때보다 중요해졌습니다. 우리는 아이들에게 동정심과 이해심, 다양한 관점을 인정하고 공동의 목표를 향해 함께 노력하는 법을 가르쳐야 합니다.

결론적으로, AI 시대는 우리 아이들에게 기회와 도전을 동시에 제시합니다. 부모로서 우리는 자녀가 변화하는 세상에서 성공하는 데 필요한 기술을 갖출 수 있도록 준비시켜야 합니다. **호기심, 창의력, 비판적 사고, 사회적 기술**을 키워줌으로써 자녀가 미래에 어떤 일이 닥치더라도 대비할 수 있는 균형 잡힌 인재로 성장할 수 있도록 도울 수 있습니다. 한 번 더 자세하게 얘기해볼게요.

비판적 사고는 우리가 이용할 수 있는 방대한 양의 정보를 탐색하고 정보에 입각한 결정을 내리는 데 필수적입니다. 대답을 잘하는 것보다 질문을 잘하는 게 중요해진다고 하죠. 아이들은 모든 것에 의문을 제기하고 주변 세계에 대해 비판적으로 생각하도록 장려되어야 합니다.

AI 기술이 일상적이고 반복적인 많은 업무를 대신하게 되면서 **창의력**은 그 어느 때보다 중요해질 것입니다. 틀에 박힌 사고에서 벗어나 혁신적인 해결책을 제시하고 창의적으로 문제에 접근할 수 있는 어린이가 경쟁 우위를 점하게 될 것입니다.

새로운 기술과 산업이 끊임없이 등장하는 변화무쌍한 세상에서는 **적응력**이 핵심이 될 것입니다. 새로운 상황에 적응하고, 빠르게 배우고, 변화를 수용할 수 있는 어린이는 인공지능의 미래에서 성공할 수 있는 역량을 갖추게 될 것입니다.

그래서 더더욱, 쓰기, 말하기, 듣기를 포함한 **의사소통 능력**은 AI 시대에서 성공하는 데 매우 중요한 요소가 될 것입니다. 점점 더 많은 커뮤니케이션이 디지털화됨에 따라 글쓰기를 통해 자신을 명확하고 효과적으로 표현할 수 있는 능력이 필수적이 될 것입니다. 시를 쓰는 법을 배우는 어린이는 자신의 생각과 감정을 다른 사람들과 공감할 수 있는 방식으로 표현하는 데 도움이 되는 귀중한 기술을 개발하게 될 것입니다.

부모로서 자녀가 어릴 때부터 이러한 기술을 개발할 수 있도록 지원하고 격려하는 것이 중요합니다. 다양한 경험에 노출시키고, 자녀의 관심사를 추구하도록 격려하며, **비판적 사고, 창의성, 적응력, 의사소통 기술**을 연습할 수 있는 기회를 제공함으로써 이를 실현할 수 있습니다.

다음 장에서는 시 쓰기가 어린이가 이러한 기술을 개발하는 데 특히 효과적인 방법인 이유와 부모가 자녀가 자신감 있고 숙련된 시 작가가 될 수 있도록 지원할 수 있는 방법에 대해 살펴봅니다.

자녀교육에 시 쓰기 활동이 좋은 이유

챗GPT가 아이가 시 쓰는 것을 도와줄 수는 있지만, 해보시면 챗GPT가 써 주는 시가 엄마의 성에 차지는 않을거예요. 그리고 아이들이 지어낸 시는 굉장히 특별하며, 모든 아이들은 시쓰기에 재능을 갖고 있다고 생각합니다. 그래서 엄마랑 아이랑 시 쓰기 책을 낼 때, 아이디어를 얻거나 초안을 잡을 때는 챗GPT의 도움을 받되, 아이가 직접 시 써 보도록 해보시는 게 필요해요. 자녀교육에 시 쓰기 활동이 좋은 이유를 말씀드릴게요.

시 쓰기는 구식 문학처럼 보일 수 있지만, 여전히 우리 언어와 의사소통의 필수적인 부분입니다. 정보에 쉽게 접근할 수 있는 인공지능 시대에는 아이들에게 창의적, 정서적, 지적으로 자신을 표현하도록 가르치는 것이 더욱 중요해졌습니다. 시는 아이들이 이러한 능력 등을 개발하는 데 도움이 될 수 있습니다.

시는 복잡한 감정과 생각을 간결하고 아름다운 형태로 표현하는 능력으로 오랫동안 찬사를 받아왔습니다. 하지만 시를 쓰고 읽는 것이 아이들의 발달에도 실질적인 도움이 될 수 있다는 사실을 알고 계셨나요? 이 장에서는 시를 쓰는 것이 왜 아이들의 발달에 중요한지, 그리고 그것이 어떻게 성공적인 미래를 준비할 수 있는지 살펴봅니다.

첫째, 창의력과 상상력 키우기

시를 쓰면 아이들은 상상력을 발휘하고 틀에서 벗어난 사고를 할 수 있습니다. 시를 통해 아이들은 자신의 생각과 감정을 창의적이고 독특한 방식으로 표현하는 법을 배웁니다. 이는 인공지능 시대에 매우 중요한 창의력과 혁신 기술을 개발하는 데 도움이 될 수 있습니다. 이책을 통해 시 쓰기가 창의력과 상상력을 키우는 데 어떻게 도움이 되는지 살펴보고, 부모가 자녀의 시 쓰기를 장려할 수 있는 팁을 제공합니다.

둘째, 언어 능력 향상

시는 언어 예술의 한 형태이므로 아이들의 언어 능력을 향상시키는 데 훌륭한 방법입니다. 시를 쓰는 것은 아이들의 어휘, 문법, 구문 발달에 도움이 됩니다. 시는 종종 은유와 직유와 같은 비유적 언어를 사용하므로 어린이가 창의적이고 상상력 있게 언어를 사용하는 방법을 배우는 데 도움이 될 수 있습니다. 또한 시는 아이들이 간결하고 효과적인 방식으로 자신의 생각과 감정을 전달하는 방법을 배우는 데 도움이 될 수 있습니다. 이 책에서는 시가 어떻게 언어 능력을 향상시킬 수 있는지 살펴보고 부모가 자녀의 언어 능력 개발을 도울 수 있는 아이디어를 제공합니다.

셋째, 자신감 키우기

시를 쓰는 것은 아이들에게 자신감을 심어주는 훌륭한 방법입니다. 시는 아이들이 판단에 대한 두려움 없이 자유롭게 자신을 표현하도록 격려합니다. 이 책을 통해 시를 쓰는 것이 아이들의 자신감과 자존감을 키우는 데 어떻게 도움이 되는지 살펴보고, 부모가 자녀가 시를 쓰고 공유하도록 격려할 수 있는 팁을 제공합니다.

넷째, 공감능력과 감성 지능 개발하기

시는 감정을 탐구하고 감성 지능을 개발하는 강력한 도구입니다. 어린이는 시를 읽고 쓰면서 아이들은 다양한 관점과 감정을 탐구할 수 있습니다. 시를 통해 자신의 감정을 파악하고 표현하는 방법을 배울 수 있을 뿐만 아니라 다른 사람의 감정에 공감할 수 있습니다. 이는 아이들이 강한 관계를 형성하고 사회적 상황을 더 잘 탐색하는 데 도움이 될 수 있습니다. 이 책에서는 시 쓰기가 아이들의 감성 지능 발달에 어떻게 도움이 되는지 살펴보고, 부모가 자녀가 시를 통해 자신의 감정을 탐구할 수 있도록 도울 수 있는 팁을 제공합니다.

다섯째, 비판적 사고력 키우기

시는 종종 복잡한 아이디어와 주제를 제시하기 때문에 아이들은 단어 뒤에 숨은 의미를 분석하고 해석하는 방법을 배워야 합니다. 또한, 시를 쓰려면 어린이는 비판적으로 사고하고 작품의 구조, 리듬, 언어에 대한 결정을 내려야 합니다. 이는 비판적 사고와 문제 해결 능력이 중요시되는 인공지능 시대에 필수적인 분석 및 추론 능력을 키우는 데 도움이 될 수 있습니다. 이 책을 통해 시 쓰기가 어떻게 아이들의 비판적 사고력을 키우는 데 도움이 되는지 살펴보고, 부모가 자녀가 이러한 기술을 연마할 수 있도록 도와줄 수 있는 지 살펴봅시다.

그렇다면 부모는 자녀가 시를 탐구하도록 격려하기 위해 무엇을 할 수 있을까요? 다음은 몇 가지 팁입니다:

자녀에게 시를 읽어주세요. 연령에 맞는 시집을 찾아 자녀에게 큰 소리로 읽어주세요. 이를 통해 자녀가 시에 대한 애정을 키우고 자신만의 시를 쓰도록 영감을 줄 수 있습니다.

자녀가 시를 쓰도록 격려하세요. 자녀에게 공책과 펜 또는 연필을 주고 직접 시를 쓰도록 격려하세요. 시를 잘 쓰는지 아닌지에 대해 걱정하지 말고 창의력과 자기 표현을 장려하는 데 집중하세요.

시 낭송회에 참석하세요. 지역 시 낭독회, 오픈 마이크의 밤 또는 자녀가 시인의 시를 듣고 교류할 수 있는 기타 이벤트를 찾아보세요. 이를 통해 자녀가 현대 사회에서 시의 관련성과 중요성을 인식하는 데 도움이 될 수 있습니다.

시를 사용하여 감정과 사회적 상황을 탐구하세요. 자녀가 힘든 시기를 겪고 있다면 자신의 감정에 대한 시를 써보도록 격려하세요. 이는 자녀가 감정을 처리하고 다른 사람에 대한 공감과 이해를 키우는 데 도움이 될 수 있습니다.

결론적으로, 시 쓰기는 어린이들이 개발할 수 있는 귀중한 기술입니다. 어린이는 시를 통해 창의력과 상상력을 키우고, 언어 능력을 향상시키며, 자신감과 감성 지능을 키우고, 비판적 사고력을 키울 수 있습니다. 부모로서 우리는 자녀가 시를 통해 창의력을 탐구하고 자신을 표현하도록 격려하여 미래에 성공하는 데 필요한 기술을 개발하도록 도울 수 있습니다.

마지막으로 **좋은 시를 쓰기위한 방법**을 알려드리고 다음 장으로 넘어

갈게요. 좋은 시를 쓰기 위해서는 여러분이 하고 싶은 말을 생각하는 것부터 시작해야 합니다.

당신이 표현하고 싶은 생각이나 느낌은 무엇인가요? 당신의 메시지나 주제는 무엇입니까?

일단 여러분이 여러분의 생각을 갖게 되면, 쓰고 싶은 시의 구조에 대해 생각할 수 있습니다. 운율이 맞는 단어를 쓰실 건가요, 아니면 자유시를 쓰실 건가요? 대사의 리듬이나 흐름은 어떻게 될까요?

무엇보다 좋은 시는, 길거나 복잡할 필요가 없다는 것을 기억하세요. 단순한 단어와 아이디어는 복잡한 것만큼 강력할 수 있습니다.

독자의 마음속에 그림을 그리는 데 도움이 되는 이미지를 사용하는 것에 대해 생각해 보세요. 비유나 직유를 사용하여 사물을 비교하고 글에 깊이를 더하세요. 단어의 순서를 바꿔가며 배열해보고, 더 흥미롭게 만드는 다양한 방법을 생각해보세요.

여러분의 시를 수정하는 것을 두려워하지 마세요! 큰 소리로 읽고 여러분이 원하는 대로 들리는지 보세요.

마지막으로, 여러분의 시를 다른 사람들과 공유하고 그들의 피드백을 받아보세요.

기억하세요, 글쓰기는 개인적인 표현이고 그것을 하는 올바른 방법은 없다는 것을 기억하세요. 여러분만의 독특한 스타일을 찾을 때까지 아이들과 함께 재미있게 시를 쓰고 즐겨 보세요.

챗GPT로 엄마와 아이가 쉽고 재미있게 시를 쓰는 방법

챗GPT AI 작문 도우미는 처음 출시되었을 때 사람들이 글쓰기에 접근하는 방식에 혁명을 일으켰습니다. 문법과 철자를 도와줄 뿐만 아니라 질문과 주제에 따라 전체 문장과 단락을 생성할 수 있었죠. 저는 이 기술을 다른 용도로 활용할 수 없을까 고민하게 되었습니다.

트윈패밀리는 부모와 아이로 구성된 가족으로서, 저희는 챗GPT가 창의력을 키우고 부모와 자녀 간의 유대감을 형성하는 데 좋은 도구가 될 수 있다는 것을 깨달았습니다. 저희는 이론을 테스트하기 위해 일련의 실험과 워크숍을 진행했고, 그 결과는 기대 이상이었습니다. 한 번도 시를 써본 적이 없는 부모들도 챗GPT의 질문과 제안에 도움을 받아, 자녀와 함께 아름다운 시를 만들어냈습니다.

이 워크숍에서 이 책의 아이디어가 탄생했습니다. 저희는 시를 쓰는 기쁨과 설렘을 아이들과 함께 나누고, 기술이 가족을 하나로 모으는

선한 힘이 될 수 있다는 것을 보여주고 싶었습니다. 이 책은 부모와 자녀가 챗GPT를 사용하여 쓴 시를 모았으며, 글쓰기 모험을 시작하고자 하는 다른 가족을 위한 가이드 역할을 합니다.

챗GPT는 기계 학습 알고리즘을 사용하여 사용자 입력에 대한 자연어 응답을 생성하는 AI 기반 글쓰기 도우미입니다. 챗GPT를 사용하면 엄마와 어린 자녀가 재미있고 매력적인 방식으로 함께 협업하고 시를 쓸 수 있습니다. 사용 방법은 다음과 같습니다.

ChatGPT

☼ Examples	⚡ Capabilities	⚠ Limitations
"Explain quantum computing in simple terms" →	Remembers what user said earlier in the conversation	May occasionally generate incorrect information
"Got any creative ideas for a 10 year old's birthday?" →	Allows user to provide follow-up corrections	May occasionally produce harmful instructions or biased content
"How do I make an HTTP request in Javascript?" →	Trained to decline inappropriate requests	Limited knowledge of world and events after 2021

ChatGPT Mar 14 Version. Free Research Preview. Our goal is to make AI systems more natural and safe to interact with. Your feedback will help us improve.

*챗GPT는 <u>ai.com</u>으로 접속하셔서 이용하실 수 있습니다. 기본적으로 영어로 입력해야 하기 때문에, 물어보고 싶은 질문을 구글번역 (https://translate.google.co.kr/?hl=ko) 또는 딥엘 (https://www.deepl.com/translator) 사이트를 통해 도움받는 것을 추천드립니다.

주제를 선택합니다.

자연, 동물, 음식, 계절, 사랑 또는 기타 생각할 수 있는 모든 주제에 대해 챗GPT를 사용하여 글을 쓸 수 있습니다. 챗GPT에 글을 쓰고 싶은 주제를 말하거나, 미리 작성된 템플릿을 사용하여 시작할 수 있습니다. 저는 구글드라이브를 활용해, 아이랑 같이 시를 쓸 주제를 적고 공유했습니다. 주로 트윈패밀리 일상에서 자주 발생하는 이벤트들 위주로 주제를 추렸어요. 캠핑, 분갈이, 아침편지, 우쿨렐레, 피아노, 줌바, 도서관, 숲해설, 밤에 같이 자기, 캐리비안베이, 방과후 등이었습니다.

글쓰기 시작하기

주제를 선택했으면, 시를 쓰기 시작할 수 있습니다. 문장이나 구를 입력하는 것으로 시작하거나, 음성 입력을 사용하여 챗GPT에 아이디어를 받아 적을 수 있습니다. 예를들면, '고양이를 주제로 해서 시를 써줘.' 라고도, '5살 아이가 쓴 것처럼 시를 지어줘.' 라고도 할 수 있겠지요? 글을 쓰면 챗GPT가 아이디어를 더 명확하고 효과적으로 표현할 수 있도록 새로운 단어와 문구를 제안해 줍니다. 저희는 평소 동시집을 아이와 읽고, 집에서 아이들과 시 쓰기 놀이를 했었기 때문에 대부분은 아이가 먼저 직접 쓴 시를 활용하기도 했어요.

자녀와 협업하세요

챗GPT는 시 쓰기를 협업적이고 상호 작용적인 경험으로 만들도록 설계되었습니다. 자녀와 화면을 공유하고 함께 실시간으로 시를 쓰고 편집할 수 있습니다. 자녀는 자신의 아이디어와 제안을 추가할 수 있으며, 부모는 함께 협력하여 두 사람의 관점이 모두 반영된 시를 만들 수 있습니다. 이 때, 구글드라이브를 활용하면 엄마와 아이가 동시에 같은 문서에 글을 쓰며, 서로의 시를 같이 볼 수 있어 아주 유용해요.

재미있게 즐겨보세요

챗GPT로 시를 쓰는 것은 엄마와 아이가 창의적인 경험을 공유하면서 유대감을 형성할 수 있는 재미있고 매력적인 활동입니다. 챗GPT의 도움으로 상상력을 발휘하여 여러분과 자녀에게 독특하고 개인적인 시를 만들 수 있습니다. 또한, 아이들이 그려뒀던 그림이 있다면 책의 삽화로 활용하는 것도 좋습니다. 나중에 자신의 그림이 출판된 것을 아이들이 본다면 매우 좋아하겠죠?

예를 들어, 부모와 자녀가 자연에 대한 시를 쓰고 싶다고 가정해 봅시다. 자연에 대한 시를 쓰고 싶다고 챗GPT에 말함으로써 시작할 수 있습니다. 챗GPT가 시작점으로 사용할 수 있는 자연시 템플릿을 제안합니다. 그런 다음, 부모와 자녀가 번갈아 가며 시의 행을 작성하면 챗GPT가 아이디어를 표현하는 데 도움이 되는 새로운 단어와 문구를 제안합니다. 두 사람 모두 자랑스러워할 만한 완성품이 나올 때까지 계속 수정하고 편집할 수 있습니다.

전반적으로 챗GPT는 엄마와 아이가 함께 시를 쓰고 싶은 분들을 위한 강력한 도구입니다. 직관적인 인터페이스, 공동 작업 기능, 자연어 처리 기능으로 누구나 쉽고 재미있게 시를 쓸 수 있습니다.

한가지, 주의사항은 챗GPT가 써 주는 시가 완벽하지는 않다는 점입니다. 특히, 어린아이가 쓴 것 같이 시를 써달라고 했을때, 아래와 같이 적어주었으니 참고하세요.

사랑

사랑은 설명하기 어려운 느낌입니다.

고통을 쫓아내는 따뜻한 포옹처럼.

사랑은 항상 내 곁에 있는 내 친구입니다.

나를 행복하게 해주고 자부심으로 가득 채워주는 친구입니다.

어때요? 어린아이가 쓴 것 같이 느껴지시나요? 그래서 저는 시 주제를 찾는데 도움을 받고, 어른인 제가 시를 쓸 땐 챗GPT의 도움을 받았지만 아이들의 시는 왠만하면 8살, 5살 아이들이 스스로 쓰도록 장려했습니다. 아이들도 자기가 쓴 시를 훨씬 마음에 들어한 것은 당연한 일이죠.

자연

<자연>

엄마의 시 ▼

자연은 평화로운 곳입니다,

아름다움과 우아함을 발견할 수 있는 곳입니다.

태양은 대지를 비추며

생명을 불어넣고 그 가치를 새롭게 합니다.

산에서 바다까지,

자연은 항상 내가 있고 싶은 곳입니다.

8살 딸의 시 ▼

자연은 항상 우리를 지켜준다.

자연은 우리를 평화롭게 만든다.

근데 왜 사람들은 자연을 파괴할까?

향긋한 꽃냄새, 싱그러운 풀과 나무냄새.

자연아 사랑해.

5살 딸의 시 ▼

우리 가족은 자연을 좋아한다.

하지만 자연을 파괴하는 사람들도 있다.

지구와 자연을 꼭 지킬거다.

못 지킬 수도 있다.

화장실 불도 꼭 누르고 꼭 지키도록 약속!

<강아지풀>

엄마의 시 ▼

바람에 흔들리는 녹색 잎사귀,

당신의 무성한 머리카락은 춤을 추네.

들판에서 당신은 번성하고 결코 실패하지 않습니다,

당신의 회복력과 적응력,

지속 가능성을 위해 배워야 할 교훈입니다.

8살 딸의 시 ▼

풀숲에서 귀여운 강아지를 만났다.

털을 복실복실

꼬리를 살랑살랑

집까지 따라올 것만 같아.

\<계곡물\>

엄마의 시 ▼

바위와 돌 사이로 부드럽게 흐르는 강물,

자연의 선율, 차분한 소리.

햇빛을 반사하며 밝게 반짝입니다,

시냇물은 생명을 품고 순수한 기쁨을 선사합니다.

어쩌면 우리의 여정도 시냇물처럼,

꿈을 향한 우리의 길을 찾는 것일지도 모릅니다.

8살 딸의 시 ▼

비가 적게 오는 날엔 계곡물 소리 졸졸졸

비가 많이 오는 날엔 계곡물 소리 콸콸콸

"어쩌면 나의 인생도

계곡물과 같이 않을까?"

<바다>

엄마의 시 ▼

바다가 나를 부르는 사이렌의 노래,

끝없는 파도와 거센 조류로.

나는 살아있고, 평화롭고, 자유롭다고 느낀다,

깊고 푸른 바다에 둘러싸여

살아있음을, 평화로움을, 자유로움을 느낀다.

8살 딸의 시 ▼

쉬이이익— 파도소리,

끼룩끼룩— 갈매기 소리,

깔깔깔— 아이들 소리,

우리에겐 바다가 큰 놀이터예요.

<가뭄>

엄마의 시 ▼

대지는 목이 마릅니다,

갈라지고 메마른 땅은 기다립니다,

갈증을 해소해줄 비를 기다리죠,

그리고 다시 생명을 불어넣어 주길.

8살 딸의 시 ▼

햇님도 목이 말라요.

나무도 풀도 목이 말라요.

길고양이도 목이 말라요.

제일 목이 마른 건 흙이예요.

못 참고 쩍쩍 갈라져요.

<비 갠 뒤>

엄마의 시 ▼

공기는 신선하고 깨끗합니다.

대지는 촉촉하고 푸릅니다.

새들이 지저귀며 노래를 부릅니다.

세상은 하루 종일 신선하고 새롭게 느껴집니다.

8살 딸의 시 ▼

우르릉 쾅쾅! 번쩍번쩍!

먹구름 비구름이 몰려오더니 좍좍좍—

소나기가 쏟아져요. 이를어째! 이를어째!

햇님이 달려나와 우산을 펴 주어요.

크고 둥그런 일곱빛 무지개 우산.

동물

<고양이1>

엄마의 시 ▼

내 사랑하는 고양이야, 넌 털복숭이 친구야,

당신은 끝까지 우리의 마음을 채웁니다.

너의 야옹과 가르랑거리는 소리로 우리를 미소 짓게 해,

하지만 때때로 당신을 돌보는 것은 시련입니다.

사랑해, 내 고양이 친구,

하지만 널 돌보는 건 사실 정말 번거로워.

8살 딸의 시 ▼

고양이들은 항상 귀엽다.

보내는 시간은 시간가는 줄 모른다.

난리를 조금 피지만 사랑스러운 애완동물이다.

봄 냄새는 고양이털에서 난다.

안고있으면 보들보들

배고있으면 보송보송한 고양이털이다.

꼬리를 곧게 세우고 따라온다. 사랑해.

<고양이2>

엄마의 시 ▼

우리집 사고뭉치 고양이,

아침부터 밤까지 많은 수고와 기쁨을 동시에 줍니다.

부드러운 털과 가르릉 거리는 소리로

아침부터 밤까지 존재를 알려요.

물론 자고있을 때는 더 기분 좋게 만듭니다.

낮에는 종일 햇볕을 쬐고 베란다에서 잠을 자요.

그리고 가까이 껴안으면 순수한 포근함이 느껴져요.

우리집 장난꾸러기 고양이야, 내 아이들의 사랑스런 친구야,

마지막까지 우리 마음을 가득 채우네.

8살 딸의 시 ▼

내 고양이 고양이, 오, 얼마나 대단한가!

그의 부드러운 털과 내 손에 그의 발로,

야옹야옹 울고 놀고, 정말 기뻐합니다,

그리고 우리가 껴안을 때 가장 멋진 순간입니다.

공을 쫓아다니는 걸 좋아해요

잠을 잘 때는 전혀 움직이지 않아요,

내 작은 고양이, 너무 귀엽고 작아,

넌 내 마음을 행복하게 해, 넌 내 전부야.

<북극곰>

엄마의 시 ▼

눈처럼 하얀 북극곰

자유롭게 떠돌던 북극곰들은 어디로 갔을까요?

북극곰의 얼음 집은 이제 빠르게 녹고 있습니다.

우리의 행동은 이러한 결과를 초래합니다.

나무는 베어지고 바다는 떠오릅니다.

자연의 파괴, 우리는 숨길 수 없습니다.

우리 아이들의 운명이 걸린 미래

사라져가는 곰들아, 아직 늦지 않았어.

함께 힘을 합쳐 곰들의 보금자리를 지켜주세요.

미래 세대를 위해.

북극곰, 다시 한 번 살아다오.

자연이 살아 있는 세상에서.

8살 딸의 시 ▼

작은 아기 북극곰아, 우리 집 냉장고에 놀러오렴.

꽁꽁 언 고등어도 있고 달콤한 팥빙수도 있단다.

먹고 배부르면 한참 푹 자렴.

<포켓몬>

엄마의 시 ▼

내 아이의 마음은 기쁨으로 노래합니다,

포켓몬 스티커를 보면서요.

피카츄와 함께라면

어떤 풍파도 이겨낼 수 있을 것만 같아요.

우리 아이들은 모든 포켓몬을 수집하는 것을 좋아합니다,

가장 작은 것부터 가장 큰 것까지.

포켓몬은 아이들의 일상에 기쁨을 가져다줍니다,

상상의 나래를 펼칠 수 있게 도와줍니다.

아이는 포켓몬이 현실이 되는 세상을 꿈꿉니다,

그리고 아이의 마음속에는 항상 포켓몬이 살아 숨쉽니다.

5살 딸의 시 ▼

포켓몬은 아주 많다. 실제로 보고싶다.

하지만 방법이 있지.

바로 그게 뭐냐면 바로

티비로 보는거지요.

하지만 포켓몬은 귀엽다.

느낌은 티비로 보면 너무너무 무척 귀엽다

알겠지요.

음식

<수박>

엄마의 시 ▼

어린 시절이 기억나나요?

수박이 여름철 열풍이었던 시절이었죠.

더운 날에 수분이 많은 세모난 조각,

모든 면에서 더위를 식혀줬죠.

이제 엄마가 되어보니 정말 좋네요.

내 딸도 같은 마음으로 수박을 즐기는 모습을 보는게 좋습니다.

딸의 얼굴에 떠오른 환한 미소를,

모든 흔적을 삼키면서요.

8살 딸의 시 ▼

난 수박이 너무 좋아. 너무 달콤해!

이길 수 없는 여름철 간식입니다.

밝은 빨간색과 검은 씨앗으로,

제 여름에 딱 맞는 음식이에요.

그리고 엄마가 얇게 썰어주면,

몇 번이고 먹어치우곤 해요.

햇볕에 앉아서 턱에 과즙을 잔뜩 묻히고,

수박 천국에 온 것 같아요.

<호떡>

어머니의 시 ▼

달콤하고 따뜻한 호떡,

추울 때 더 큰 기쁨을 주는,

설탕과 땅콩으로 가득 차 있습니다,

죄책감이 들지만 금방 좋아하게 될거예요.

한국 전통 간식, 반죽이 부드럽고 쫄깃합니다,

사랑하는 사람들과 나누기에 최고입니다,

호떡 반죽의 속을 채우는 건

우리가 소중히 간직하고 있는 마음입니다.

8살 딸의 시 ▼

끈적끈적하고 달콤한,

이길 수 없는 간식이에요,

땅콩은 싫지만, 설탕이 듬뿍 들어있어 좋아요.

순수한 기쁨으로 나를 채우는 간식입니다.

춥고 어두운 밤에 따뜻함을 가져다줍니다.

엄마와 나는 기쁜 마음으로 만들죠.

우유나 아이스크림과 함께 먹으면 정말 맛있어요!

호떡, 호호 불어서 먹는 맛있는 떡!

<마시멜로>

어머니의 시 ▼

마시멜로, 아이들에게 얼마나 사랑받는지,

하지만 걱정이 앞서는 것도 사실입니다.

너무 달콤합니다,

충치가 생기면 어떡하죠?

그래도 우리는 여전히 불에 구워 먹습니다,

아이들의 좋아함을 이길 수가 없네요.

몇 개 먹게 해주고 몰래 치워버릴게요.

이가 썩지 않기를 바랄 뿐입니다.

5살 딸의 시 ▼

마시멜로는 마시있다.

구워먹으면 완전 마시있다.

입에서 오물조물 마싯게 먹는 우리가족.

불을 피우면 늘 따듯하다.

여러분도 그러케 해보세요. 행복할거여요.

마시멜로 사랑하는 우리가족.

<아이스크림>

엄마의 시 ▼

아이스크림, 아이스크림.

지겹지 않니?

밥은 안 먹더니!

아이스크림 먹듯이

밥을 먹어봐라.

8살 딸의 시 ▼

입안에서 살살~

시원 달달한 것은 아이스크림!

나는 바닐라, 엄마는 초코.

한 입에 먹으면

"아이 시원해! 한 개 더 주세요~"

5살 딸의 시 ▼

아이스크림은 달고 맛있다.

입에서 사르르르 녹는다.

아이스크림 종류는 많다.

바닐라, 돼지바, 맛있는 아이스크림이 많다.

별이는 초코 아이스크림이 가장 조타.

<초콜릿>

엄마가 쓴 시 ▼

초콜릿, 달콤하고 유혹적인 간식이죠,

하지만 한 입 베어 물 때마다 두려움이 몰려와요,

살이 찌는 것 같아요.

그래도 초콜릿을 먹을 거예요, 행복해지니까요.

그러니, 나의 두려움이 유혹을 방해하게 하지 마세요.

5살 딸의 시 ▼

초콜릿은 갈색이다. 맛있다.

게다가 초콜릿 시를 써보니까

초콜릿이 먹고 싶어진다.

바로 생각이 났다.

내일 시간 있으면 엄마 몰래 초콜릿 먹어야지.

생각만 해도 맛있겠네 히히히.

계절

<벚꽃>

엄마의 시 ▼

부드럽고 섬세한 분홍색 꽃잎이 공중에 흩날립니다,

찰나의 아름다움, 아주 드문 순간,

자연의 붓이 만들어낸 경이로운 광경.

그래서 이렇게 사람이 모이고 붐비는가.

봄의 벚꽃은 돈으로 환산할 수 없네.

8살 딸의 시 ▼

작은 벚꽃 송이에 햇살이 놀러 왔어요.

방글방글 떼 지어 함께 놀려고 보글보글 놀러 왔어요.

벚꽃잎 하르르하르르 떨어집니다.

놀러 온 햇살과 함께 하르르하르르 떨어집니다.

<벚꽃비>

엄마의 시 ▼

어? 우산에 묻은 게 뭐지?

아 벚꽃잎이구나.

왜 이렇게 많이 묻었지?

아 봄이 가는구나.

8살 딸의 시 ▼

분홍색과 흰색 꽃잎이 하늘에서 떨어집니다,

눈송이처럼, 하지만 차갑지 않아, 우와!

부드러운 바람이 나무를 흔들고

벚꽃은 살랑살랑 춤을 추네.

\<소나기\>

엄마의 시 ▼

폭우가 쏟아져 내립니다,

사방에 웅덩이를 만들죠.

그들이 내는 소리는 매우 심오합니다,

감탄을 자아내는 교향곡이죠.

하지만 건조하고 아늑하게 지내자,

그리고 비가 내리는 소리를 들어보세요.

빗방울이 통에 떨어지는 걸 지켜보며

내면의 평화를 느껴보죠.

8살 딸의 시 ▼

주룩주룩 또로롱

휘파람 소리난다

물웅덩이 만들어 두들겨

실로폰 소리난다.

내 속도 두들겨.

<단풍>

엄마의 시 ▼

오메, 단풍들겄네!

나무에 색을 잘 칠했구나.

빨강, 주황, 노랑, 오색의 고운 빛깔.

파아란 하늘과 대비되는 강렬한 색.

더 추워지기 전에 꼭 봐야 할 광경이야.

8살 딸의 시 ▼

나뭇잎이 하나씩 떨어지네,

단풍잎이 바람에 흩날리며 춤춰요.

빨강, 노랑, 주황이 눈에 들어와요,

단풍은 마법의 즐거움이야.

\<겨울 원더랜드\>

엄마의 시 ▼

세상이 온통 하얗게 덮여 있어요,

눈 덮인 세상, 오, 이 얼마나 아름다운 광경인가!

우리는 가장 따뜻한 옷을 입습니다,

그리고 오무린 발가락으로 얼음 위에서 춤춰요.

8살 딸의 시 ▼

하늘에서 떨어지는 눈송이,

겨울 원더랜드, 오!

눈을 굴려서 눈을 굴려서

눈사람을 만들자.

나뭇가지로 눈사람 코 만들자.

그리고 얼음 위에서 미끄러지고 미끄러지고, 우와!

가족

<막둥이 내 동생>

엄마의 시 ▼

내가 꼭 안아줄게, 우리 아가,

너의 작은 손, 작은 엄지손가락.

너는 낄낄대며 놀고 뛰고 뛰어다닌다,

넌 내 마음을 결코 버리지 않을 기쁨으로 채우네.

나는 네가 날마다 성장하는 것을 본다,

그리고 너의 눈에서 나는 너의 길을 본다.

배우고 탐험하고 길을 만들어 가네,

내 작은 아이, 너는 여기있어.

8살 딸의 시 ▼

으앙! 울지마. 울지마 울지마

달래면 달랠수록 더 크게우는 내 동생.

아기고래야 아기고래야

대왕오징어였으면 큰일날 뻔했다.

온 식구한테 먹물을 뿜었을 테니까.

앞이 캄캄해 질 테니까.

<엄마아빠>

엄마의 시 ▼

엄마는 밝게 빛나는 태양입니다,

아빠는 밤에 빛나는 달이에요.

엄마는 우리를 모험과 즐거움으로 인도합니다,

아빠는 우리에게 강하고 절대 도망치지 말라고 가르치세요.

두 분은 함께 우리 가족을 온전하게 만듭니다,

우리를 향한 두 분의 사랑은 끝없는 목표입니다.

물론 기복이 있을 수 있어요,

하지만 엄마와 아빠는 사랑이 넘치죠.

8살 딸의 시 ▼

엄마는 늘 말한다.

솔아, 이번 주말엔 캠핑가자.

다음 주말엔 놀이공원 가자.

예이!

우리가족은 주말에도 바빠요 바빠!

아빠는 말해요.

솔아! 어쩌고 저쩌고...

화 버럭버럭

아빠 왜 동생한테만 잘해줘?

나한텐 화 버럭버럭 내면서...

5살 딸의 시 ▼

우리 엄마는 장난꾸러기다.

하지만 엄마는 우리를 장난치게 만들고

괴롭힌다.

우리 엄마아빠는 늘 이렇게 한다.

어떻게 하냐면 바로 집에 오면

손발 씻어라, 또 가방 정리해라, 또 할일해라, 밥먹어라, 또 놀지마라,
또 양치해라, 또 둘이 자라고 말한다.

우리는 너무 귀찮다.

<할머니>

엄마의 시 ▼

할머니의 사랑에는 한계가 없습니다,

온화하게 미소 지으며 모든걸 사랑으로 품어주네.

그녀의 여정은 힘들었지만,

그녀는 인내했고 헌신했습니다.

그럼에도 그 일을 다시 맡았습니다,

사랑과 인내로 끝까지 해내고 있습니다.

8살 딸의 시 ▼

쨍그랑! 또 그릇깼네.

쾅! 다 떨어졌잖아. 만날 사고치고.

또또또 이제 그만!

<할아버지>

엄마의 시 ▼

어릴 땐 저승사자처럼

무섭고 멀게만 느껴지던 우리 아빠.

어른이 되어, 회사를 다녀보니

항상 쉬고싶은 그 마음 이해하게 되었는데.

어느새 나이드시고 구부러진 등이 한없이 안쓰러워라.

8살 딸의 시 ▼

할아버지, 이야기 들려줘.

할아버지 이야기 한 번, 두 번이면 스르르 잠이 듭니다.

어느새 쿨쿨~ 쌔근쌔근~

<우리 가족>

엄마의 시 ▼

주중엔 회사에서 일 마치고 부리나케

저녁에 달려와 아이들 안으면 충전!

주말엔 아이들이랑 밖에나가

자연 속에서 뛰어놀면 충전!

우리 가족은 워킹맘인 나의 급속 충전기야~

5살 딸의 시 ▼

우리 엄마는 음식을 좋아한다.

차에 타면 보이는 음식이 있으면 바로 "어! 맛있겠다!"라고 외친다.

우리 가족은 늘 누가 웃기면 웃음을 터트린다.

우리 가족은 행복하다. 즐거운 우리 가족.

우리가족은 햇님이 떠도 눈이 부시지만, 우리 가족은 즐겁다.

나는 봄여름가을겨울 다 좋다.

우리 엄마는 영어도 잘하고 음식도 많이 안다. 너무 많이 안다. 우리
가족은 서로서로 배려하고 사랑한다.

활동

<아침편지>

엄마의 시 ▼

저는 매일 출근하기 전에요,

시간을 내어 보드판에 아이들에게 편지를 씁니다.

네가 하고 배우길 바라는 것들,

그리고 내가 너를 얼마나 사랑하고 있는지.

8살 딸의 시 ▼

아침에 일어나서 거실로 나오면,

사랑하는 엄마의 편지가 있어요.

엄마의 마음이 느껴져요.

엄마가 내 곁에 있는 것 같아요.

그리고 내가 중요하다고 느끼게 해줘요.

<해야 할 일>

엄마의 시 ▼

할 일 목록은 끝이 없고 끝이 없어요.

회사일, 집안일, 육아.

책임감이 한꺼번에 밀려와요.

하지만 저는 즐거운 마음으로

빠르게 해야할 일을 해결합니다.

조금씩 빛에 가까워진다는 것을 알기 때문입니다.

8살 딸의 시 ▼

그만 좀 불러!

솔아, 옷 갈아입어. 솔아, 할 일 해야지. 솔아, 씻어.

....그만 좀 불러! ☹

엄마, 이것 좀 도와줘. 엄마, 놀아줘.

...그만 좀 불러! ☹

엄마는 나 안 부르냐?

<그리기>

엄마의 시 ▼

연필과 종이 한 장만 있으면 됩니다,

상상력을 마음껏 펼칠 수 있습니다.

간단한 스케치부터 세밀한 주름까지,

모두가 볼 수 있는 가능성의 세계.

그림은 한 순간을 포착할 수 있습니다,

소중히 간직할 수 있는 추억이 될 수 있습니다.

또는 숭고한 아이디어를 떠올릴 수도 있습니다,

이야기에 영감을 불어넣을 수도 있습니다.

그러니 창의력을 마음껏 발산하세요,

연필을 종이에 대고 날아오르게 하세요.

드로잉의 세계에는 항상 더 많은 것이 있습니다,

탐구하고, 발견하고, 만족할 수 있습니다.

8살 딸의 시 ▼

연필로는 뭐든 그릴 수 있으니,

하늘을 나는 자전거

투명망토

쓰레기를 에너지로 바꾸는 기계

쓰면 달리기가 엄청 빨라지는 모자

등등 그려서 진짜로 다 생기면 좋겠다.

<등산>

엄마의 시 ▼

산에 올라갑니다,

아이들의 잘 탈 수 있을지 걱정돼요.

하지만 더 높이 올라갈수록

아이들의 강인함과 용기가 보여요.

아이들을 지켜줘야 할 것 같았는데,

도와주는 건 오히려 아이들이네요.

8살 딸의 시 ▼

산을 오르고 있어요,

내가 제일 먼저 정상에 도착할거예요!

그런데 왜 엄마는 계속 멈추고 쉬라고 하죠?

나는 계속 갈 수 있어, 나는 빨라!

정상에 오르고 싶어요.

그리고 엄마에게 내가 얼마나 빠른지 보여주고 싶어요.

<캠핑>

엄마의 시 ▼

모닥불 주위에 모여서,

이야기를 나누고 노래를 부르죠.

별빛 아래서 우리는 자유를 느낍니다.

우리가 속한 곳에서 가족과 함께 캠핑하는 거죠.

8살 딸의 시 ▼

마시멜로 구워먹기, 정말 재미있어요!

휘휘 시원한 공기를 느끼며 텐트에서 잠을 자고.

삐룩삐룩 귀뚜라미 소리, 별을 보고.

캠핑은 비교할 수 없는 모험이에요!

<놀이>

엄마의 시 ▼

아이들과 보내는 시간은 늘 놀이다.
봄비 맞아 떨어지는 꽃잎줍기.
도서관까지 길 찾아가기.
보고싶은 책 찾아 숨은 그림 찾기.

고마워. 늘 일상을 놀이로 바꿔줘서.

8살 딸의 시 ▼

엄마와 노는건 언제나 최고!
다다다 먼저 뛰어다니고 쉬는 것.
위아래로 뛰어다니는 것, 얼마나 즐거운가요!

손을 잡고 가벼운 느낌.

놀이 시간을 밝게 만들어줘서 고마워요, 엄마!

<같이 자기>

엄마의 시 ▼

길고 바쁜 하루가 끝나면,

우리는 껴안고 불을 끕니다.

우리는 하루간의 이야기를 공유합니다.

어둠 속에서.

내 몸 가까이에 둥지를 틀고 잠든

아이의 숨결은 차분하고 마음은 평온합니다,

우리의 밤 둥지의 따뜻함 속에서.

8살 딸의 시 ▼

엄마를 껴안고 따뜻함을 느낀다.

엄마 품에 안기면 안전하고 포근해요.

우리는 하루의 즐거움과 슬픔과 괴로움과... 에 대해 이야기합니다.

나는 부드러운 엄마의 머리카락을 쓰다듬습니다,

그리고 눈을 감으면 차분하고 가벼워집니다.

우리는 잠들고 꿈으로 날아갑니다,

밤새 함께 잠들면서.

사랑

<사랑이란>

엄마의 시 ▼

사랑은 복잡하고 웅장한 수수께끼입니다,

그것은 우리를 춤추게하고 우리를 살아가게 합니다.

사랑은 우리 모두를 묶는 유대감입니다.

우리를 들어 올리고 하루하루 크고 있다고 느끼게 합니다.

8살 딸의 시 ▼

사랑은 나의 마음 속 감정 중 하나입니다.

사랑은 나의 친구입니다.

잘가 사랑아! 안녕 사랑아!

<우정>

엄마의 시 ▼

우정. 한때는 내 전부였던 사랑,

끊어지지 않을 것 같았던

마음과 마음 사이의 유대.

웃고, 울고, 꿈을 공유했지만,

결혼하고 아이가 생기면서 멀어져버렸네.

8살 아이의 시 ▼

내 친구들 최고!

우리는 쉬지않고 항상 떠들죠.

우리는 놀고 웃고 즐거울 뿐.

우정은 언제나 영원하죠.

<가족에 대한 사랑>

엄마의 시 ▼

내 가족, 내 마음과 영혼,

함께라면 우리는 온전합니다.

얇은 땅을 딛고, 우리는 단단하게 서 있습니다.

영원히 함께할 인연.

8살 딸의 시 ▼

내 가족, 내 모든 것.

가족과 함께라면 제 마음은 날개를 달아요.

어두운 곳도 무섭지 않아요.

포옹과 웃음, 사랑과 보살핌,

내 가족, 내 사랑.

\<자존감\>

37살 엄마의 시 ▼

나 자신을 사랑하는 건 중요해, 맞아,

자존감은 너 자신을 위한 사랑이야.

매일 몸과 마음을 돌보려무나.

자존감은 네 길을 찾는데에 큰 도움이 될 거야.

8살 딸의 시 ▼

나는 나 자신을 사랑해,

나는 독특하고 밝아,

나는 특별하고, 강하고, 너무 밝게 빛나요.

나는 나 자신을 돌보고 나 자신을 사랑합니다,

달콤한 잼과 같은 나의 자존감.

<지우개>

37살 엄마의 시 ▼

실수를 바로잡을 수 있는 도구,

부드럽게 문지르면 종이도 흔들립니다.

하지만 우리의 세상도 고칠 수 있을까요?

우리의 문제와 갈등을 모두 해결할 수 있을까요?

어쩌면 답은 우리 안에 있을지도 모릅니다,

친절과 공감으로 우리는 그렇게 할 수 있습니다,

증오와 편견을 사랑으로 지울 수 있습니다,

그리고 서로의 차이를 뛰어넘을 수 있습니다.

8살 딸의 시 ▼

지우개로는 뭐든지 지울 수 있으니까

우크라이나 전쟁도 박박 지울 수 있지 않을까?

<아이를 행복하게 하려면>

엄마의 시 ▼

아이를 행복하게 하려면 어떻게 해야 하나요?

선물이나 간식, 아니면 새로운 것을 줄까요?

하지만 내 아이가 원하는 것은 아주 단순해요.

"엄마가 나 많이 안아주고, 뽀뽀해주고, 잘했다고 머리 쓰담쓰담해주고... 그랬으면 좋겠어."

8살 딸의 시 ▼

엄마, 제가 좋은 일을 하면

엄마가 나를 안아주고 키스하면 내 마음이 노래해요.

엄마가 제 머리를 쓰담쓰담해주며 "잘했어!"라고 말해주면,

세상을 다 가진 것 같고 행복이 시작된 것 같아요.

엄마랑 아이랑 같이 책 쓰기 경험에서 배운 교훈

글쓰기 경험을 되돌아보며 아이들과 함께 이 책을 만들었던 순간들에 대해 감사함을 느끼지 않을 수 없습니다. 함께 시를 쓰면서 우리는 불가능하다고 생각했던 방식으로 서로 유대감을 형성하고 서로에게서 배울 수 있었습니다. 이 경험을 통해 우리가 배운 몇 가지 교훈은 다음과 같습니다:

협업과 팀워크

엄마와 아이가 한 팀이 되어 시를 쓰려면 협업과 팀워크가 필요합니다. 서로의 아이디어를 경청하고, 서로의 관점을 존중하며, 공동의 목표를 달성하기 위해 함께 노력하는 것이 필수적입니다.

창의력과 상상력

시를 쓰면서 아이들은 창의력과 상상력을 발휘할 수 있습니다. 아이들의 마음이 어떻게 작동하는지, 그리고 그들이 가지고 있는 독특한 관점을 보는 것은 매우 흥미롭습니다. 부모는 자녀의 창의력을 격려하고 자신의 생각을 글로 표현할 수 있도록 도와주는 것이 중요합니다.

글쓰기 능력

시 쓰기는 아이들의 글쓰기 능력 발달에 도움이 됩니다. 시를 통해 언어를 실험하고, 다양한 글쓰기 스타일을 탐구하고, 문법과 문장 부호를 연습할 수 있습니다. 부모는 자녀의 글쓰기 능력을 향상시키고 글쓰기에 대한 애정을 키울 수 있도록 지도할 수 있습니다.

시간 관리

시를 쓰려면 시간과 노력이 필요합니다. 부모로서 우리는 자녀가 시간을 관리하고, 글쓰기 과정을 작은 단계로 나누고, 달성 가능한 목표를 설정하도록 도울 수 있습니다.

인내와 끈기

시를 쓰는 일은 때때로 어렵고 답답할 수 있습니다. 아이들에게 인내와 인내의 가치를 가르치고, 작가 블록이나 다른 장애물에 직면하더라도 포기하지 않고 계속 노력하도록 격려하는 것이 중요합니다.

아이들과 함께 시를 쓰는 것은 멋진 경험이었습니다. 이 여정에 대한 우리의 성찰이 다른 부모들에게 영감을 주어 자녀와 함께 시의 세계를 탐험하고 자신만의 독특한 이야기를 함께 만들 수 있기를 바랍니다.

엄마와 자녀에게

챗GPT가 도움이 된 점

함께 시를 쓰는 것은 엄마와 자녀에게 유대감을 형성하는 경험이 될 수 있습니다. 공동 예술 작품을 만드는 데 필요한 협업과 소통은 가족을 더욱 가깝게 만들 수 있습니다. 챗GPT는 엄마와 어린 자녀가 이 경험을 더욱 즐겁고 쉽게 할 수 있도록 도와줍니다.

함께 시를 쓰는 과정에서 부모와 자녀는 번갈아 가며 아이디어와 관점을 공유하도록 권장됩니다. 이를 통해 각자가 소중히 여겨지고 자신의 의견을 듣고 있다고 느끼며 자신감과 의사소통 능력을 키울 수 있습니다. 챗GPT는 글쓰기 과정에 대한 제안과 영감을 제공하므로 어린 자녀도 최종 작품에 쉽게 기여할 수 있습니다.

부모는 챗GPT를 사용하여 자녀가 지원적이고 재미있는 환경에서 글쓰기 기술과 창의력을 개발하도록 도울 수 있습니다. 이 도구는 글쓰기에 대한 장벽을 허물고 글쓰기 과정을 더욱 친근하게 만들어 글쓰기를 주저하는 아이들도 자신을 표현할 수 있도록 도와줍니다. 또한 아이들은 다양한 시적 형식과 기법에 대해 배우며 언어와 문학에 대한 이해의 폭을 넓힐 수 있습니다.

전반적으로 챗GPT와 함께 시를 쓰는 것은 엄마와 자녀가 함께 소통하고 소통하며 아름다운 무언가를 창조할 수 있는 멋진 방법입니다. 부모와 자녀의 관계와 자녀의 발달에 지속적인 영향을 미칠 수 있는 소중한 경험입니다.

특히 저는, 8살 아이와 함께 챗GPT를 사용해 시를 써본 엄마로서, 이 경험을 통해 예상치 못한 방식으로 저희는 더욱 가까워졌다고 말할 수 있습니다. 우리는 항상 함께 시간을 보내는 것을 즐겼기에, 이번 책 쓰기 활동은 창의적이고 의미 있는 공동 작업을 할 수 있는 특별한 기회를 제공했습니다.

각 시를 작업하면서 저는 아이의 상상력과 관점이 각 주제에 대해 신선하고 때로는 놀랍게 다가오는 방식에 감탄했습니다. 우리는 번갈아가며 대사를 쓰고 서로 다른 단어와 문구에 대해 토론하면서 서로의 사고 과정과 커뮤니케이션 스타일에 대해 더 많이 배울 수 있었습니다.

필요할 때 유용한 제안과 영감을 얻을 수 있어 집중력과 동기를 유지하는 데도 도움이 되었습니다. 다양한 스타일과 구조를 실험해볼 수 있었고, AI 기반 어시스턴트 덕분에 다른 방법으로는 생각지도 못했던 시를 창작할 수 있었습니다.

챗GPT를 사용하여 함께 시를 쓰면서 부모와 아이가 팀으로서의 유대감이 강화되었다고 생각합니다. 더 잘 소통하고, 더 효과적으로 협력하며, 서로의 독특한 관점에 감사하는 법을 배웠습니다. 아이에게 IT 트렌드에 대해 배우고 경험하게 해볼 수 있다는 것도 좋은 성과였던 것 같습니다. 다른 부모와 자녀들도 공동으로 함께 책 쓰기 작업을 통해 같은 기쁨과 유대감을 경험할 수 있기를 바랍니다.

아이와 함께 챗GPT를 사용하여 글쓰기를 해보세요!

제 책을 읽고 자녀와 챗GPT를 써보셨나요? 축하드립니다! 챗GPT를 사용하여 자녀와 함께 시를 쓰는 경험이 즐거웠기를 바랍니다. 자녀와 함께 협력하여 아름다운 작품을 만드는 것이 얼마나 쉽고 재미있을 수 있는지 알게 되었을 것입니다.

이 책을 덮으시면서 자녀와 함께 챗GPT를 사용하여 계속 글을 써보시기 바랍니다. 함께 탐구할 수 있는 다른 많은 주제와 장르가 있습니다. 새로운 것을 실험하고 시도하는 것을 두려워하지 마세요. 가장 중요한 것은 함께 글을 쓰는 과정을 재미있게 즐기는 것임을 기억하세요.

다음은 시작하는 데 도움이 되는 몇 가지 팁입니다:

아이의 관심분야 선택하기

부모와 자녀가 모두 관심 있는 주제나 장르를 선택하세요. 챗GPT를 사용하여 글쓰기 질문을 생성하거나 처음부터 글쓰기를 시작할 수 있습니다.

아이와의 시간 마련하기

정기적으로 함께 글쓰기를 할 수 있는 시간을 따로 마련하세요. 방과 후 재미있는 활동이나 주말 액티비티가 될 수 있습니다.

아이를 도와주세요

자녀가 자신의 아이디어와 생각을 표현하도록 격려하세요. 챗GPT는 자녀의 글쓰기 능력과 창의력을 개발하는 데 도움이 되는 훌륭한 도구입니다.

아이를 격려해주세요

자녀의 성취를 축하해 주세요! 몇 줄을 쓰든 시 한 편을 쓰든 함께 만든 작품에 자부심을 가지세요.

자녀와 함께 글을 쓰는 것은 유대감을 형성하고 오래도록 남을 추억을 만들 수 있는 멋진 방법입니다. 이 책이 자녀와 함께 챗GPT를 사용하여 글쓰기의 세계를 계속 탐험하는 데 영감을 주었기를 바랍니다. 행복한 글쓰기 시간이 되시기를!

추가로, 아이가 너무 어린데 어떻게 챗GPT를 이해하고 체험해볼 수 있을까 걱정하는 분들을 위해 덧붙입니다. 챗GPT는 8세 미만의 어린이도 쉽게 사용할 수 있도록 설계되었습니다. 다음은 부모가 자녀가 챗GPT를 이해하고 경험할 수 있도록 도울 수 있는 몇 가지 팁입니다:

간단한 질문으로 시작하세요

어린 자녀와 함께 챗GPT를 사용할 때는 간단한 질문으로 시작하는 것이 중요합니다. 예를 들어, 자녀에게 좋아하는 동물이나 음식에 대해 설명해 달라고 요청하세요. 이렇게 하면 자녀가 챗GPT의 작동 방식을 이해하는 데 도움이 되고, 자신의 아이디어가 시로 바뀌는 것을 보며 성취감을 느낄 수 있습니다.

가이드를 제공하세요

챗GPT는 스스로 시를 생성할 수 있지만, 부모가 지도와 지원을 제공하는 것이 여전히 중요합니다. 자녀가 아이디어를 브레인스토밍하고, 사용할 단어나 문구를 제안하고, 글에 대한 피드백을 제공하도록 도와주세요. 이렇게 하면 자녀가 글쓰기 과정에 더 자신감을 갖고 몰입할 수 있습니다.

놀이로 만들어 보세요

아이들은 게임을 좋아하는데, 챗GPT를 재미있고 인터랙티브한 경험으로 만들어보는 건 어떨까요? 자녀에게 좋아하는 장난감이나 휴일과 같은 특정 주제에 대한 시를 지어보라고 도전해 보세요. 타이머를 설정하고 정해진 시간 안에 누가 가장 창의적인 시를 지어내는지 알아보세요.

창의력을 장려하세요

챗GPT는 창의력을 자극하는 도구이므로 자녀의 상상력을 장려하는 것이 중요합니다. 처음에는 문법이나 철자에 대해 너무 걱정하지 마세요. 대신 자녀가 자신의 생각과 감정을 재미있고 창의적인 방식으로 표현하도록 돕는 데 집중하세요.

긍정적인 태도를 유지하세요

마지막으로, 자녀에게 글쓰기 경험을 긍정적이고 즐거운 것으로 유지하는 것이 중요합니다. 아무리 작은 것이라도 자녀의 노력을 칭찬하고 성취를 축하해 주세요. 이는 글쓰기에 대한 애정과 자신의 작업에 대한 자부심을 키우는 데 도움이 될 것입니다.

그리고 챗GPT가 영어라서 아이가 어떻게 이해하지? 걱정하시는 분들이 있을 수 있는데요. 챗gpt 한국어로 된 서비스도 많이 나오고 있답니다. 제가 추천하는 건 네이티브 (www.native.me) 와 아숙업 (카카오톡에서 AskUp 검색)이예요. 둘 다 챗GPT엔진을 활용해 한글로 번역해주는 서비스입니다.

마지막으로, 한 가지 우려사항을 덧붙인다면, 챗GPT가 있어 아이 스스로 작문할 필요가 전혀 없다고 생각하신다면 그것은 오산입니다. 아직 챗GPT의 글짓기 실력, 특히 아이처럼, 아이관점에서 시를 쓰고 표현하는 것은 매우 미숙하게 느껴졌습니다. 영어 위주의 서비스라서 그런지 모르겠지만, 제가 봤을 땐, 아이들이 직접 쓴 시와 발상, 참신함, 표현 등 많은 퀄리티 차이가 납니다. 챗GPT는 단지 부모의 시간을 절약해주는 도구로서, 아이와 책 쓰기, 글짓기 활동에 도움이 된다는 점은 명확히 하고 싶습니다.

향후 계획 : '엄마랑 아이랑 함께 책 쓰기' 시리즈

'엄마와 아이가 함께 책 쓰기'의 저자인 저는 이 책이 엄마와 아이가 챗GPT를 사용하여 함께 시와 이야기를 쓸 수 있도록 돕기 위해 집필할 예정인 시리즈 중 첫 번째 책이라는 사실을 발표하게 되어 기쁩니다. 이 섹션에서는 시리즈에 대한 향후 계획과 다음 책에 대한 흥미로운 세부 사항을 공유하겠습니다.

자녀와 함께 줌바 배우기

"엄마와 아이가 함께 글쓰기" 시리즈의 두 번째 책은 "자녀와 함께 줌바 배우기"입니다. 엄마랑 아이랑 같이 줌바댄스를 매주 2회씩 배우기 시작한지 벌써 반년이 돼 가네요. 이 책은 자녀와 함께 춤을 추는 것에 대한 재미있고 활기찬 시와 이야기를 챗GPT를 사용하여 작성하는 데 초점을 맞출 것입니다. 시리즈의 첫 번째 책과 마찬가지로 '자녀와 함께 줌바 배우기'는 글쓰기에 대한 질문과 제안은 물론 저와 제 자녀가 챗GPT를 사용하여 저희 가족의 이야기를 다룰 것입니다.

엄마와 아이와 함께 여행하기

'엄마와 아이와 함께 글쓰기' 시리즈의 세 번째 책은 '엄마와 아이와 함께 여행하기'입니다. 세계 2~30개국을 여행한 엄마아빠 밑에서 태어난 아이들이기에, 첫째 솔이는 생후 8개월에 일본을, 둘째 별이는 백일즈음 캄보디아를 갔었어요. 이 책은 자동차 여행이든 새로운 도시 방문이든 자녀와 함께 여행하는 즐거움을 탐구할 것입니다. 여행의 광경과 소리, 그리고 새로운 장소를 탐험하는 데서 오는 독특한 경험에 대한 시와 이야기를 챗GPT를 사용하여 작성할 것입니다.

엄마와 아이와 함께하는 캠핑

'엄마와 아이와 함께 글쓰기' 시리즈의 네 번째 책은 '엄마와 아이와 함께 캠핑'입니다. 저희 트윈패밀리는 아이랑 함께하는 배테랑 캠퍼 가족이예요. 첫째 솔이는 8개월 때부터, 둘째 별이는 10개월 때부터 (민폐가 되지 않도록, 대략 통잠자기 시작한 이후부터) 같이 캠핑을 다니기 시작했어요. 이 책은 텐트 설치부터 모닥불에 마시멜로 구워먹기까지 아이와 함께 하는 캠핑의 즐거움과 독립심을 길러주는 캠핑을 통한 자녀교육에 대해 소개합니다. 캠핑의 재미와 모험뿐만 아니라 자연의 아름다움에 대한 시와 이야기를 챗GPT를 사용하여 작성할 것입니다.

엄마와 아이와 함께 계획 세우기

'엄마와 아이가 함께 글쓰기' 시리즈의 다섯 번째 책은 '엄마와 아이가 함께 계획 세우기'입니다. 이 책은 엄마와 자녀가 함께 가족 휴가나 특별한 이벤트 등 미래를 위한 계획을 세우는 데 도움이 될 것입니다. 저희 트윈패밀리는 매달의 계획을 각자 작성한 후 냉장고에 붙여놓고 매일 체크하며 엄마랑 아이랑 계획세우기 활동을 하고 있어요. 계획의 설렘과 기대에 대한 시와 이야기를 챗GPT를 사용하여 작성할 것입니다.

엄마와 아이와 함께 계획 세우기

'엄마와 아이가 함께 글쓰기' 시리즈의 여섯 번째 책은 '직장에 있는 엄마, 학교에 있는 아이'입니다. 이 책은 매일 아침 직장에 가기 전 엄마가 아이들을 위해 보드판에 편지쓰던 활동에서 시작합니다. 바쁜 하루를 보낸 후 다시 함께 모일 때의 기쁨에 초점을 맞출 것입니다. 서로를 다시 만날 수 있다는 기대감과 재결합에서 오는 위로와 사랑에 대한 시와 이야기를 챗GPT를 사용하여 작성할 것입니다.

엄마가 아이랑 함께하는 독창적인 교육

'엄마와 아이가 함께 글쓰기' 시리즈의 일곱 번째 책입니다. 저희 트윈패밀리 가정에서 하고있는 다양한 자녀와의 활동 및 교육을 다룰 것입니다. 다른 가정에서도 자녀 교육을 위해 실용적이고 창의적인 아이디어를 제공하는 것을 목표로 하는 책입니다. 이 책은 비판적 사고와 문제 해결부터 창의력과 의사소통에 이르기까지 자녀가 다양한 기술을 개발하는 데 도움이 될 수 있는 다양한 활동과 기술을 탐구합니다. 이 책은 아이들을 위한 자극적이고 매력적인 학습 환경을 조성하는 방법과 평생 간직할 수 있는 학습에 대한 애정을 키우는 방법에 대한 풍부한 정보를 제공합니다.

'엄마와 아이가 함께하는 글쓰기' 시리즈의 각 책은 엄마와 아이들에게 글쓰기를 통해 창의력을 탐구하고 관계를 강화할 수 있는 새로운 기회를 제공할 것입니다. 여러분과 자녀와 함께 이 여정을 계속하며 평생 기억에 남을 추억을 만들 수 있도록 돕게 되어 기쁩니다.

'엄마와 아이가 함께 책 쓰기' 시리즈는 사랑의 노력의 산물이며, 저희의 책이 다른 엄마와 아이들이 함께 글을 쓰고 자신만의 이야기를 만들 수 있도록 영감을 주기를 바랍니다. 저희는 모든 어린이에게 이야기할 이야기가 있다고 믿으며, 챗GPT의 도움으로 재미있고 창의적인 방식으로 이야기할 수 있습니다.

마지막으로, 자녀 또는 부모님과 함께 챗GPT로 책을 써보시길 바라며, '엄마랑 아이랑 함께 책 쓰기' 시리즈의 다음 책도 기대해 주세요.

'엄마랑 아이랑 함께 책 쓰기'

프로젝트 함께해요!

이렇게 책만 읽어서는 어떻게 엄마랑 아이랑 같이 시를 쓰고, 같이 책을 내고 하는 게 가능한건지 감이 잘 안 오신다구요? 자녀교육에 관심이 많고 아이들의 창의력과 글쓰기 능력 개발을 돕고 싶으신가요? 의미 있는 협업 프로젝트를 만들어 아이와 엄마의 삶을 변화시키고 싶으신가요?

그렇다면 챗GPT를 사용하는 부모-자녀 커뮤니티에 들어와보세요. 저희의 접근 방식은 최신 기술과 시대를 초월한 스토리텔링 예술을 결합하여 어린이와 부모가 오랫동안 소중히 간직할 수 있는 재미있고 매력적이며 교육적인 책을 쉽고 빠르게 만듭니다.

저희 커뮤니티의 회원은 글쓰기 프롬프트, 숙련된 작가의 피드백, 자녀와 협력하여 자신만의 이야기를 만들기 위한 팁 등 다양한 리소스와 지원을 이용할 수 있습니다.

그러나 이것은 단순한 글쓰기 그룹이 아니라 가족이 함께 소통하고 배우는 방식을 변화시키는 운동입니다. 자녀와 함께 책을 쓰면서 독서와 글쓰기에 대한 애정과 창의력을 키울 수 있으며, 이는 앞으로 몇 년 동안 자녀에게 도움이 될 것입니다.

또한 시 쓰기, 책 쓰기 뿐만 아니라, 미래 인공지능 시대를 앞두고 자녀교육과 부모역할에 대해 함께 토론하며, 공동 모임을 활성화하는 놀이터가 되는 커뮤니티로 키워 나갈 계획입니다.

어린이와 가족의 삶을 변화시키고 즐겁게 일할 준비가 되셨다면, 저희와 함께하세요. 챗GPT를 활용한 엄마와 자녀의 책 쓰기를 통해 더 밝은 미래를 함께 만들어갈 수 있습니다.

마지막으로 챗GPT를 활용한 엄마와 자녀의 책 쓰기를 소개하면서 부모와 자녀 사이의 관계형성은 매우 중요하며, 부모로서 할 수 있는 가장 중요한 일 중 하나는 공유된 경험과 활동을 통해 유대감을 키우는 것임을 상기시키고자 합니다.

자녀와 함께 책을 쓰는 것은 재미있고 보람있는 활동일 뿐만 아니라 의사소통 능력을 키우고 창의력을 장려하며 배움에 대한 애정을 키우는 데도 도움이 됩니다. 그러니 망설이지 마시고 지금 바로 저와 함께 자녀와 함께 글쓰기를 시작해보세요!

*'엄마랑 아이랑 AI' 인스타그램 : @mom_kids_ai

*'엄마랑 아이랑 AI로 책쓰기' 커뮤니티 오픈 카톡방

-끝-

마지막 에피소드

* '엄마 아빠를 화나게 하는 완벽한 방법' 책을 보고

8살 언니와 5살 동생이 쓴 이야기입니다.

동생을 화나게 하는 법 ▼

동생이 안되면은 "축하합니다! 축하합니다!"라고 놀리기

수학문제 답을 이상하게 알려주기

내가 때리고 동생이 때렸다고 거짓말하기

아는 것만 계속 꼬치꼬치 물어보기

먹으려고 할 때 번개처럼 뺏어서 먹기

사과를 멍 때리며 하기!

뭐하면 물건 준다고 약속하고 안 주기

동생 지갑에 있는 돈 빼앗아서 심부름 시키고 용돈주기

동생이 아끼는 것 부시기

잘했으면 잘한만큼 못했다고 놀리기

내가 잘하는 것 동생이 못한다고 놀리기

동생이 어린이집에서 귀여운 그림 그려오면 바로 찢기

언니를 화나게 하는 법 ▼

언니를 바보똥꼬라고 놀리기

언니가 수학문제할 때 방해하기

언니하고 나하고 싸울 때 거짓말 하기

언니한테 빠르게 미안해 라고 한다

언니가 무서워할 때 몰래 가버린다

언니가 뭘 가져오면 언니가 어디 가 버리면 뿌시기

언니가 맛있는거 먹으라 할 때 다 먹어버리기

언니가 할일할 때 몰래 종이에 놀리기

어린이집에서 종이에 언니 놀리는 거 쓰고 친구들한테 보여주기